Mein Zaubermalbuch

Bauernhof

Text: Valérie De Montchoisy

Illustrationen: Laurent Audouin

TANDEM
VERLAG

HINWEISE

Wie benutzt du dieses Buch?

Das Malbuch bietet dir zehn lustige Bilder in tollen Farben zum Abzeichnen und Ausmalen.

Jede Vorlage zeichnest du in vier Schritten ab:

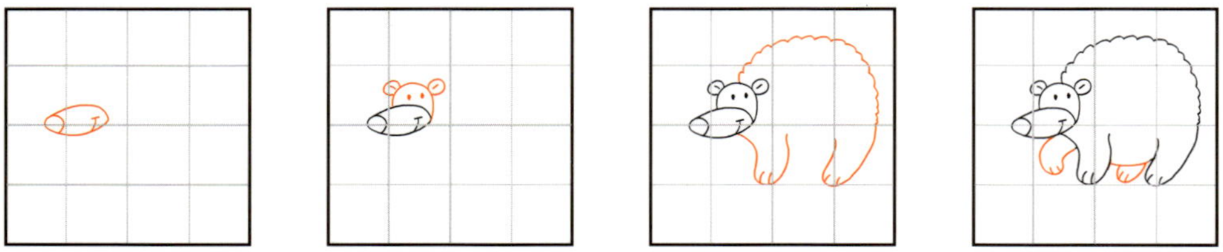

Für deine Zeichnung findest du auf jeder Doppelseite ein großes Quadrat mit Gitternetzlinien, die dir dabei helfen, Lage und Größenverhältnisse des Motivs richtig wiederzugeben.

Bei jedem Schritt kommen einige neue Linien hinzu, die rot eingezeichnet sind.

Nach dem vierten Schritt ist dein Bild fertig, und du kannst es in deinen Lieblingsfarben ausmalen.

In dem großen Quadrat, in dem du dein Bild zeichnest, siehst du einige Dinge mit grauen Linien angedeutet: Du kannst sie nachmalen, oder du fügst andere Bestandteile in dein Bild ein. Laß deiner Phantasie einfach freien Lauf!

Am besten nimmst du zum Malen einen Filzstift. Mit einem trockenen Lappen kannst du dann alles wieder wegwischen – und so oft probieren, wie du möchtest. Du kannst auch ein Blatt Papier mit großen Kästchen versehen und die Vorlage darauf abzeichnen. Und nun viel Spaß mit diesem pfiffigen Malbuch!

Titel der Originalausgabe: La campagne © Éditions Nathan, Paris, France für die erste Ausgabe in französischer Sprache.
Covergestaltung: Marlies Müller; Übersetzung aus dem Französischen: Regine Schumacher; Genehmigte Sonderausgabe

ÜBERSICHT

Der Bauernhof

Der Traktor

Die Kuh

Das Schaf

Das Schwein

Das Kaninchen

Die Henne

Das Pferd

Die Sonnenblume

Die Ente

Der Bauernhof

Auf dem Hof „Im Wiesengrund“ sind die Tiere glücklich. Weißt du warum? Weil die Besitzer Erna und Willi Schmitt die nettesten Bauern der Welt sind.

1. Zeichne zuerst diese drei geometrischen Formen – mit Hilfe des Gitternetzes kannst du sie an die richtige Stelle setzen.

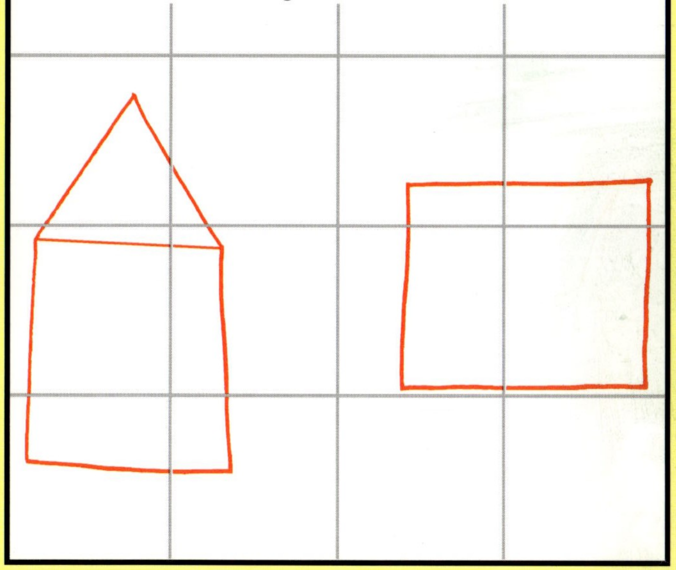

2. Ziehe zwei parallele Linien, um die beiden Mauern des Bauernhauses miteinander zu verbinden.

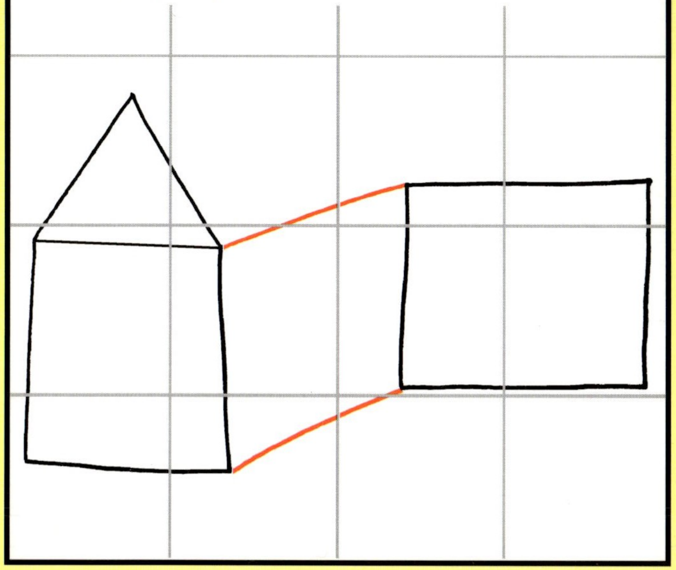

3 Die vier Linien des Daches müssen die richtige Länge haben, und je zwei verlaufen parallel. Wische die überflüssigen Linien in der Vorderfront weg.

4 Füge die Türen, die Dachluke, die Fenster, den Schornstein und die Linien der Ziegelreihen hinzu.

5 **Auf diesem Bauernhof läßt es sich gut leben! Überlege dir, in welchen Farben er dir am besten gefällt.**

Der Traktor

Wer zieht den Pflug, wer transportiert Stroh und Kartoffeln? Früher waren es Pferde, heute werden Traktoren mit starken Motoren eingesetzt.

1 Du beginnst mit zwei geometrischen Formen: einem Rechteck für den Motor und einem Trapez für die Fahrerkabine.

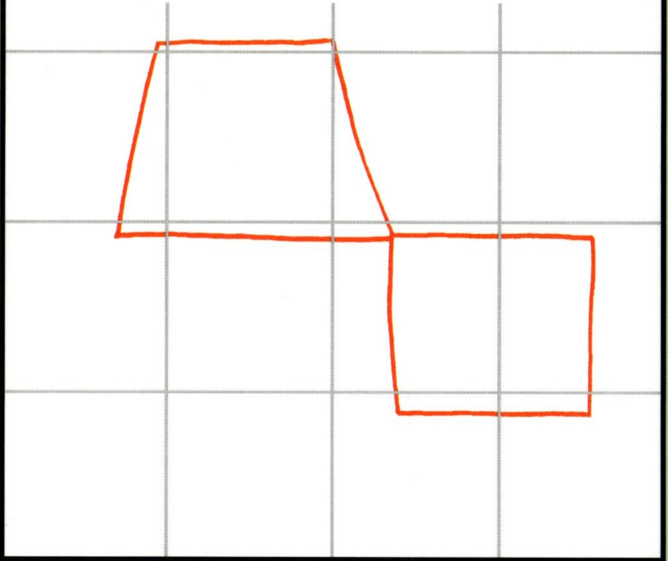

2 Zeichne ein Schutzblech und eine Linie für die Fenster. Ergänze eine weitere Linie für die dreieckige Tür der Fahrerkabine.

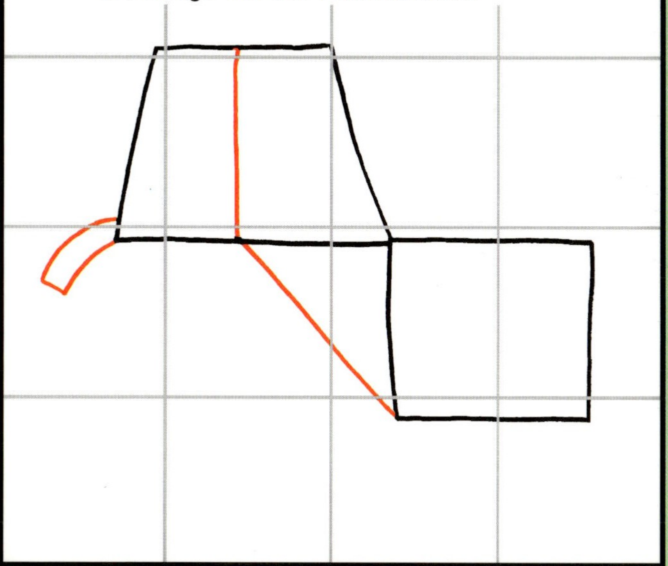

3 Dann malst du zwei Kreise: einen großen für das Hinter-, einen kleinen für das Vorderrad. Wische die überflüssigen Linien im Vorderrad weg.

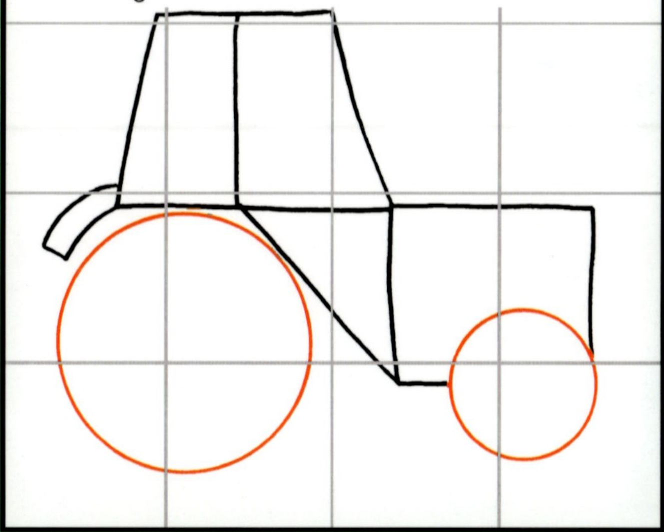

4 Ergänze die Stoßstange, das Dach, den Türgriff, die Radkappen und den Auspuff.

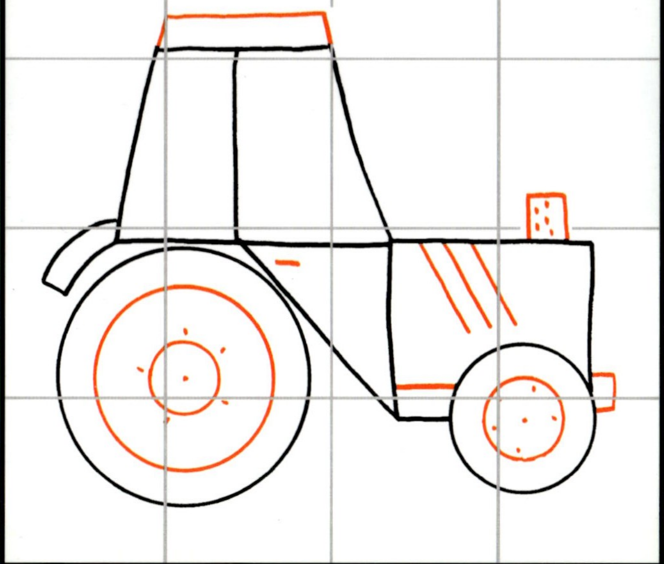

5 Der Traktor von Willi Schmitt ist rot – wie die meisten Traktoren. Du kannst dir zum Ausmalen natürlich auch eine andere Farbe aussuchen.

Die Kuh

Schwarzweiß gefleckt steht die Kuh auf der grünen Wiese. Sie frißt den ganzen Tag frisches Gras und Klee – das gibt leckere, gesunde Milch!

1. Für den Kopf der Kuh zeichnest du zunächst einen Kreis – darauf setzt du eine kleine Wolke.

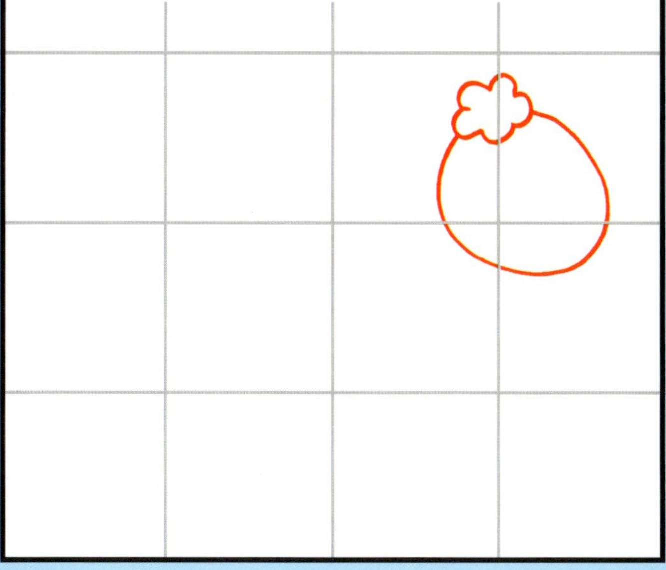

2. Dazu gehören auch die Ohren, die Hörner und eine gebogene Linie für das Maul.

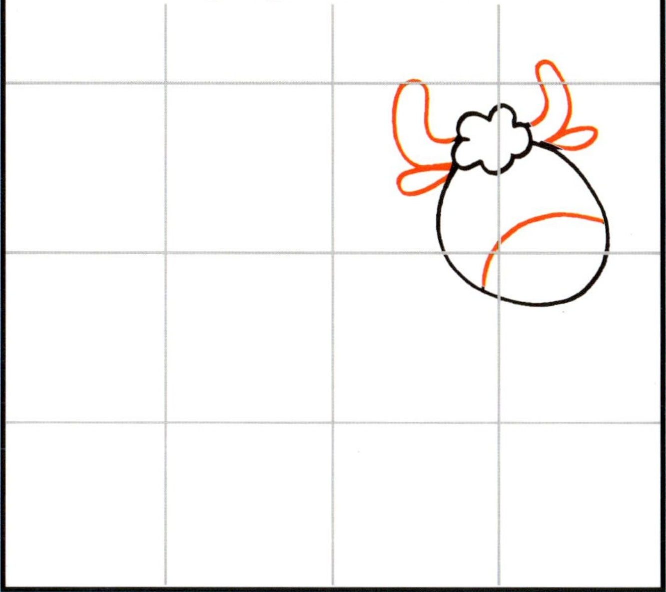

3 Zeichne einen runden Körper, und vergiß dabei nicht den Schwanz. Ergänze Nase, Mund und Augen.

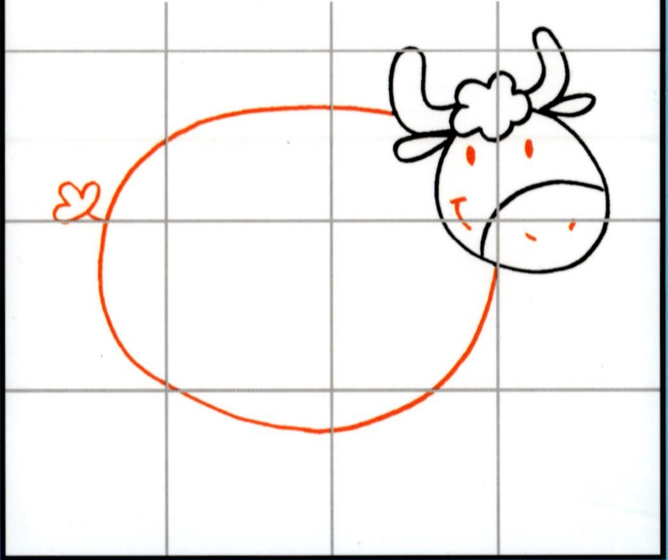

4 Jetzt fehlen nur noch das Euter und die vier Beine.

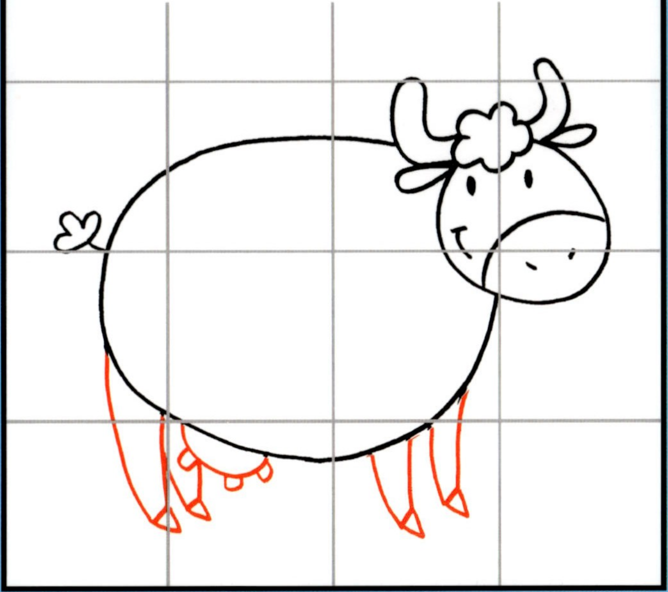

5 **Fertig zum Ausmalen ist nun dein Bild. Es gibt viele verschiedene Kuhrassen. Wenn deine Kuh eine schwarzbunte ist, mußt du sie mit großen, schwarzen Flecken versehen.**

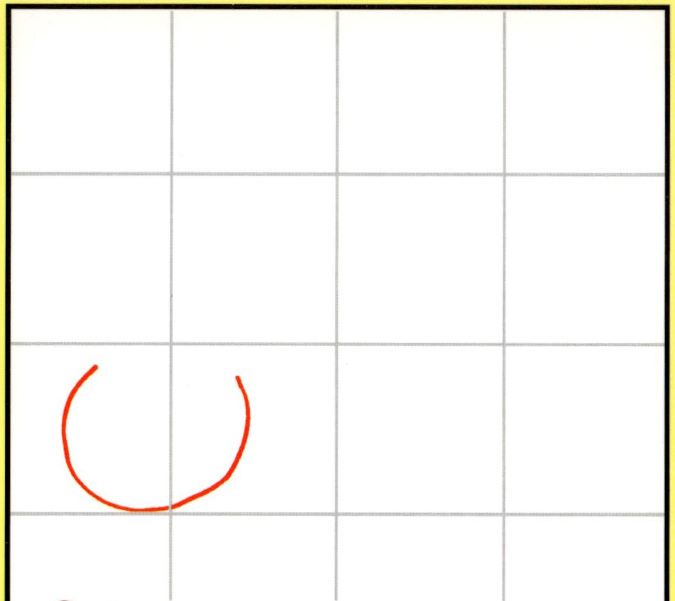

1 Zuerst zeichnest du einen oben offenen Kreis – das ist der Kopf des Schafs.

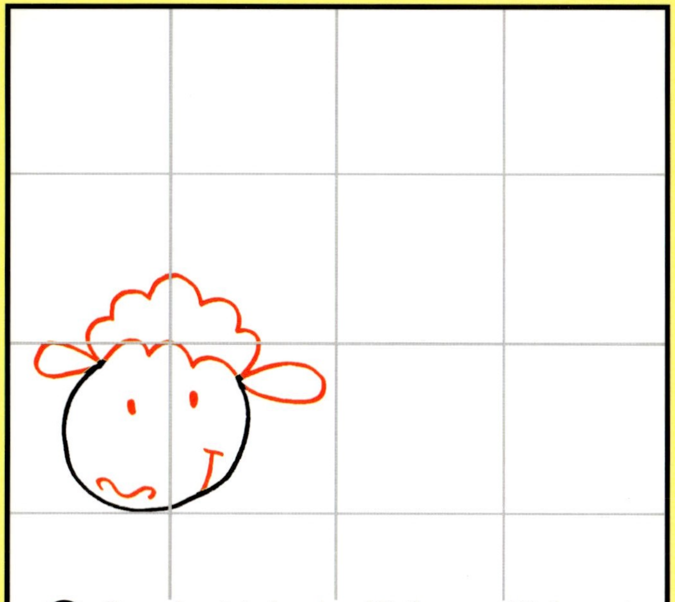

2 Darauf setzt du eine Wolke aus Wolle und ergänzt Augen, Ohren, Nase und Mund.

Das Schaf

Schafe sind wertvolle Haustiere für den Menschen: Aus ihrer Wolle kann man mollige Decken und Pullover herstellen, aus ihrer Milch leckeren Käse.

3 Das Schaf hat einen dichten Pelz aus Wolle – folge beim Abmalen einfach der Vorlage.

4 Nacheinander zeichnest du schließlich noch die vier Beine.

5 **Schafe sind meistens grau, doch Wolle läßt sich ja auch einfärben. Vielleicht in deiner Lieblingsfarbe?**

Das Schwein

Schweine gelten als schmutzig, weil sie gern im Schlamm wühlen. Doch mit Dreck und Wasser zu spielen macht auch vielen Kindern Spaß.

1 Du beginnst mit zwei Kreisen: einem kleinen für die Schnauze und einem größeren für den Kopf des Schweins.

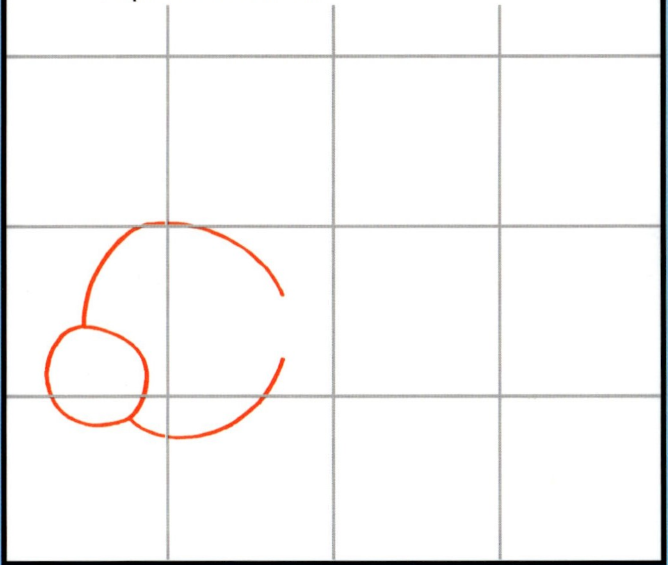

2 Dann malst du Augen, Mund, Nasenlöcher und zwei kleine dreieckige Ohren. Die überflüssige Linie in der Schnauze wischst du einfach weg.

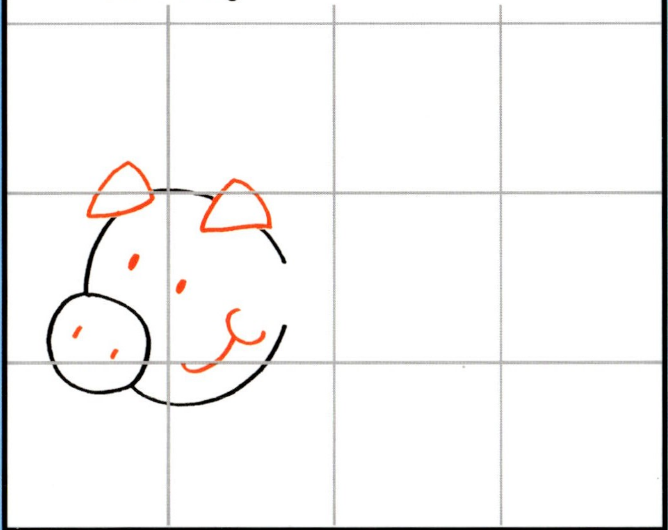

3 Der Körper ist fast kreisförmig und geht in die linken Beine über. Beim Abzeichnen mußt du darauf achten, daß die Größenverhältnisse stimmen.

4 Zu guter Letzt fügst du noch die rechten Beine und das kleine Kringelschwänzchen an.

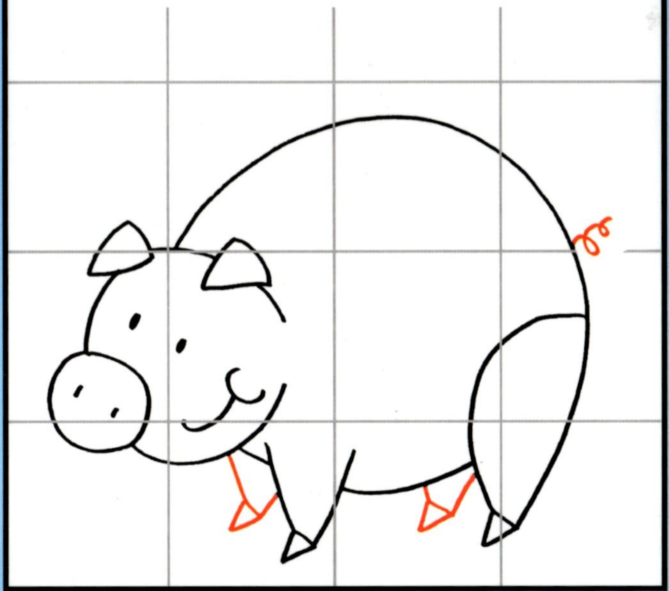

5 Was für ein schönes, kugelrundes Schwein! Jetzt kannst du das Bild ausmalen – unseren Freund vielleicht in schweinchenrosa?

1 Zeichne zuerst einen Kreis für den Kopf und daran anschließend die langen Ohren.

2 Nase, Schnauze, Mund, Augen und zwei lange Zähne – in dieser Reihenfolge vervollständigst du das Gesicht.

Das Kaninchen

Kaninchen sind freundlich, ein bißchen schüchtern – und Meister im Wettlauf. Auf dem Bauernhof leben sie in Käfigen, in freier Wildbahn in Erdhöhlen.

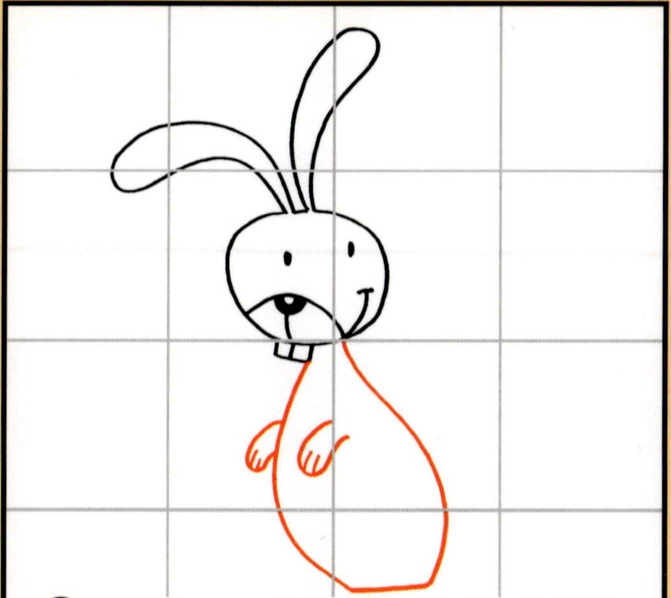

3 Zeichne den Körper – wie eine bauchige Flasche. Danach ergänzt du die Vorderpfoten.

4 Schließlich fehlen nur noch die Hinterpfoten und der Schwanz in Form einer Bommel.

5 Male die Karotten in leuchtendem Orange aus. Karotten sind das Lieblingsessen unseres langohrigen Freundes.

Die Henne

Die Henne ist ein Vogel, aber sie fliegt nicht gern. Sie pickt den lieben langen Tag Körner. Mit ihren Küken lebt sie in einem großen Hühnerstall.

1 Male als erstes zwei mal zwei kleine Kreise für den Kopf der Henne und das Küken. Das Gitternetz hilft dir dabei, die richtige Lage zu finden.

2 Du fügst drei kleine Dreiecke an: zwei für den Schnabel der Henne, eins für den des Kükens. Die überflüssige Linie im Schnabel des Kükens wischst du weg. Ergänze noch den Kamm der Henne und die Augen.

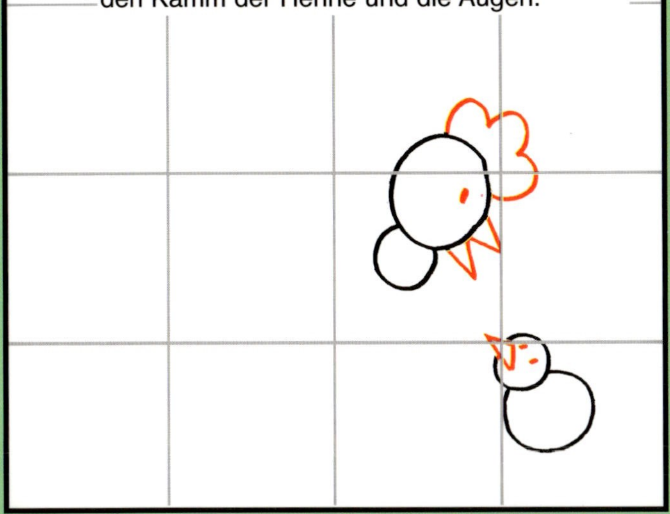

3 Mit einem großen Kreis bildest du den Körper der Henne ab, dann ergänzt du Flügel und Schwanz sowie den Flügel des Kükens.

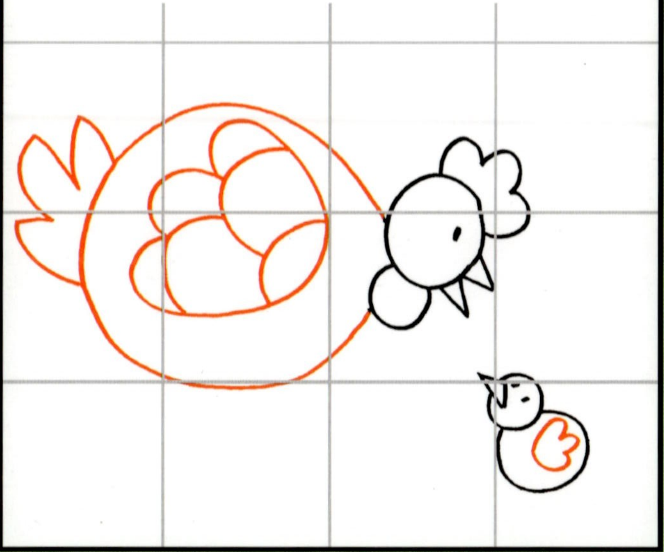

4 Das einzige, was noch fehlt, sind die Beine mit den Krallen.

5 Es gibt viele verschiedene Arten von Hennen – in unterschiedlichen Farben. Stelle dir vor, wie die Henne aussehen könnte, und male sie in bunten Farben aus.

1 Du beginnst mit einem Oval, in das du die Nüstern, den Mund und das Auge einfügst.

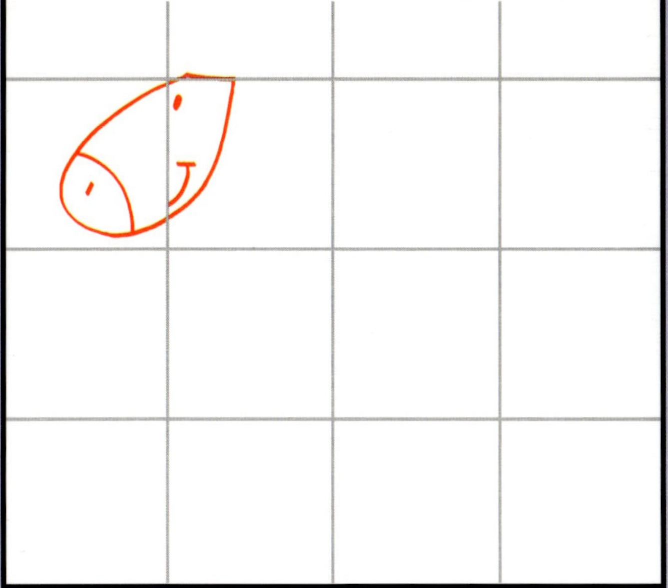

2 Für Hals und Rücken zeichnest du eine gebogene Linie, und ergänzt noch Pony und Ohren.

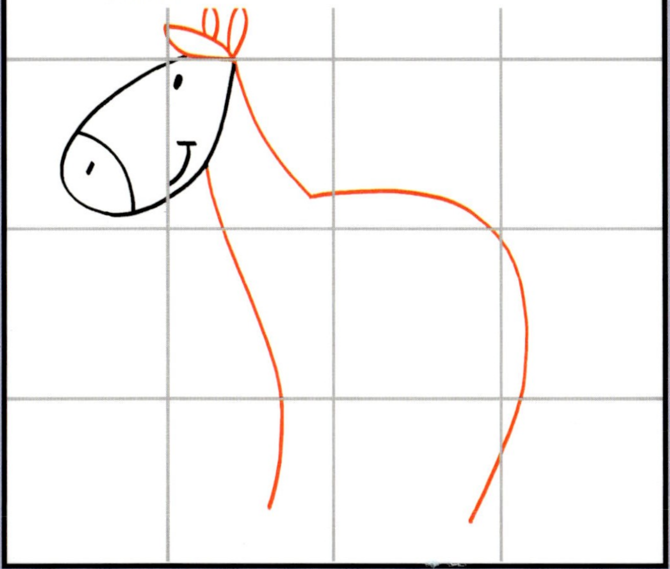

Das Pferd

Hellbraun glänzt das Fell des Pferdes in der Sonne. Wie schön wäre es, auf dem Rücken des Pferdes über Wiesen und Felder zu galoppieren.

3 Als nächstes folgen die Mähne und zwei Beine sowie eine kurze Linie für den Bauch.

4 Zum Schluß ergänzt du noch die rechten Beine, die vier Hufe und den Schwanz des Pferdes.

5 **Jetzt mußt du dein Bild nur noch ausmalen. Welches Pferd hättest du am liebsten – ein braunes oder ein schwarzes, oder vielleicht einen Schimmel?**

Die Sonnenblume

Es war einmal eine Blume, die die Sonne so sehr liebte, daß sie ihre Blüten stets der Sonne entgegenstreckte. Welchen Namen hat man ihr wohl gegeben?

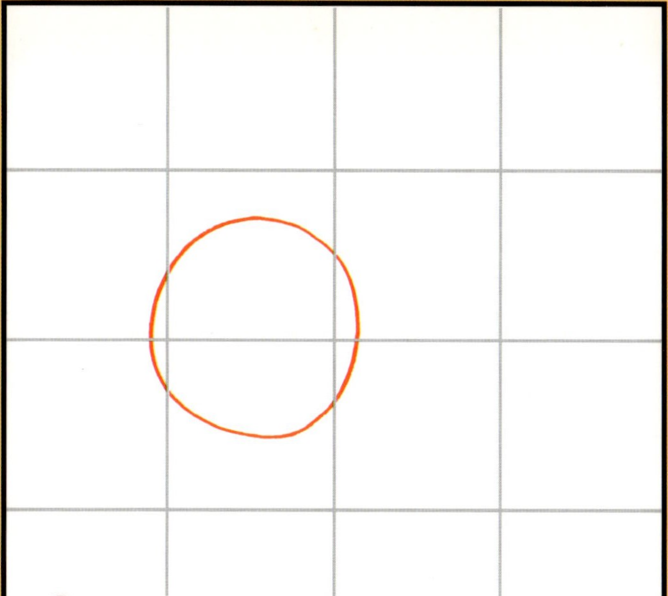

1 Das Innere der Blüte ist ein Kreis.

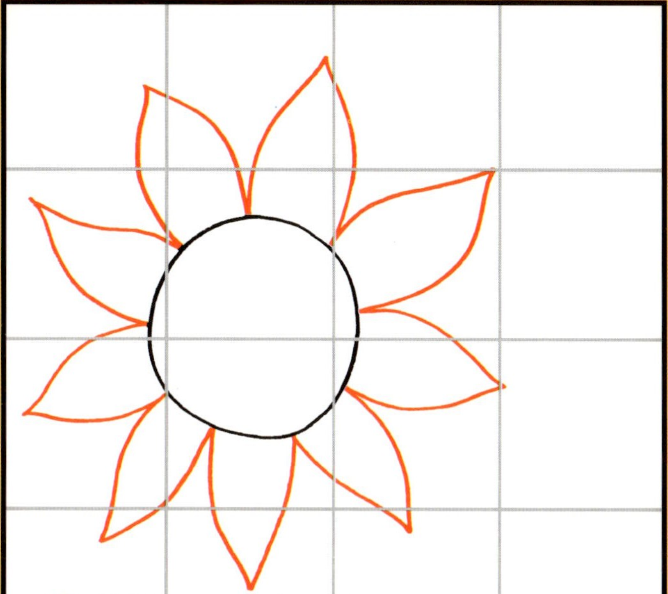

2 Zeichne um den Kreis einen Kranz aus Blütenblättern – so regelmäßig wie möglich.

3 Du malst einen zweiten Kranz aus Blüten – ordne die Blätter zwischen den anderen an.

4 Dann folgen Stengel, Blätter und Samenkörner.

5 Ein Feld mit Sonnenblumen erkennt man schon von weitem – dank seiner leuchtend gelben Farbe. Suche dir deinen schönsten gelben Stift zum Ausmalen des Bildes aus!

Die Ente

Zwei ungleiche Brüder: Die Wildente legt beim Fliegen weite Strecken zurück, die Ente auf dem Bauernhof tut nichts lieber, als im Tümpel zu planschen.

1 Zuerst zeichnest du Kopf und Schnabel der Ente – halte dich dabei einfach genau an die Vorlage.

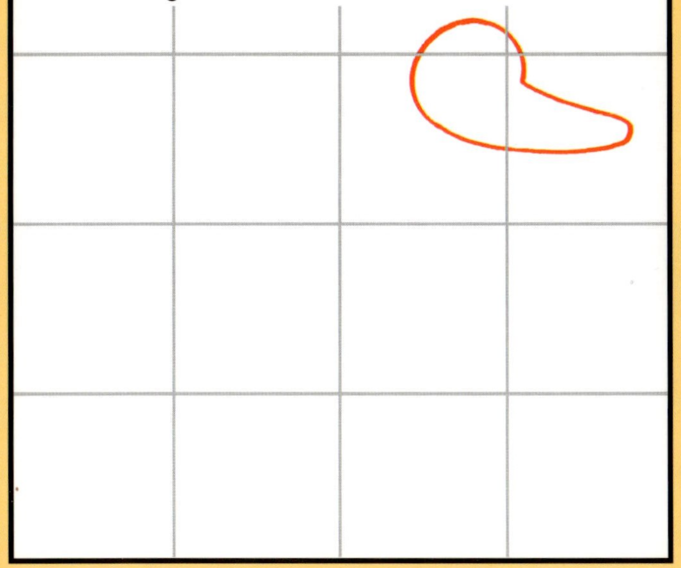

2 Du vervollständigst den Schnabel, ergänzt zwei Pünktchen für die Augen und zeichnest dann den Hals.

3 Daran anschließend malst du einen länglichen Halbkreis für den Körper, der in drei Schwanzfedern übergeht.

4 Füge noch den Flügel und die Beine mit den Schwimmhäuten an.

5 **Nun kann deine Ente ein erfrischendes Bad im Tümpel nehmen. Du mußt dein Bild nur noch ausmalen.**

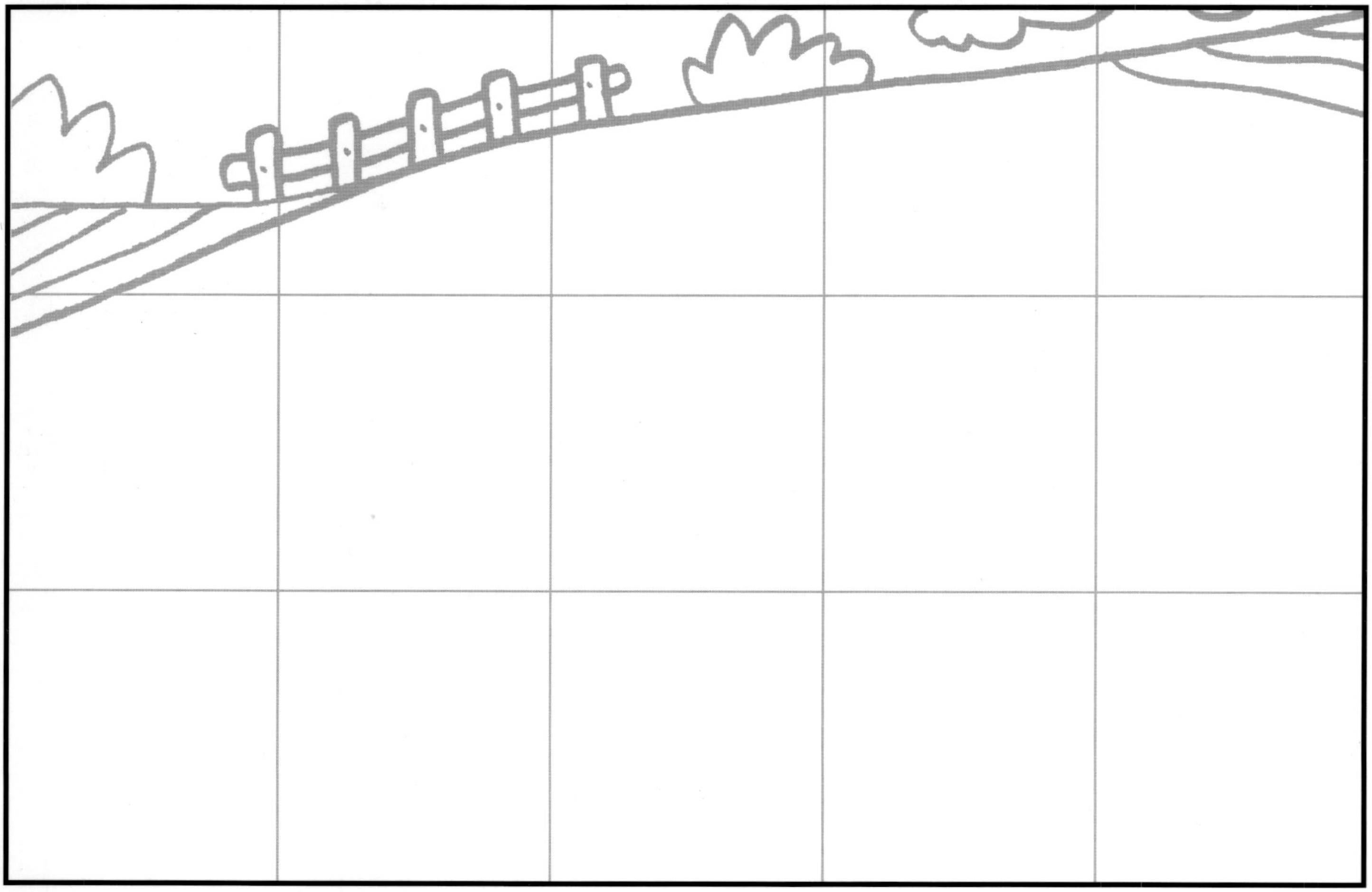